NUEVOS CASOS CLÍNICOS ABORDADOS DESDE ACT

ISBN: 9798645018764

AGRADECIMIENTOS

Sirvan estas líneas como agradecimiento a todas aquellas personas que, de una u otra forma, me han ayudado a confeccionar esta obra. Muchas gracias a todos.

NUEVOS CASOS CLÍNICOS ABORDADOS DESDE ACT

INDICE

PRÓLOGO

Es un honor para mí poder escribir estas líneas a manera de introducir al lector a esta obra. El trabajo de Rafael Jiménez, *Nuevos Casos Clínicos Abordados desde la ACT*, forma parte de la literatura psicológica basada en la evidencia en español, el cual, a grandes escalas, no existe demasiada información, por lo cual viene a cobrar bastante relevancia en nuestra comunidad psicológica y para nuestros clientes o usuarios; así como también lo hizo su obra predecesora, en cuanto a la literatura en nuestro idioma.

Lo anterior, no tan solo facilita y pone a nuestra disposición material útil para los psicoterapeutas noveles y más experimentados, sino que es una forma también de ayudar a las personas a que comiencen a vivir la vida que consideren merece la pena ser vivida, y así empezar a relacionarse de otra manera con el sufrimiento que, como ya lo verán, parece ser inevitable.

La Terapia de Aceptación y Compromiso o ACT, es una de las terapias que hoy por hoy tiene mayor relevancia e investigación. Cada vez son más las personas que comienzan a utilizar en su práctica clínica este modelo y sus derivados. Sabemos, pero no está de más mencionar que la ACT proviene de una tradición conductista, por lo cual es inevitable pensar en términos de principios y leyes conductuales; sin embargo, y en honor a la verdad, también tiene mucho traslape con otras tradiciones que poco tienen que ver con la psicología conductual, como el budismo, la meditación y otras prácticas no occidentales. Esto ha permitido que muchos psicólogos clínicos en los que en su historia de aprendizaje haya una forma de condicionamiento aversivo a las prácticas conductuales, mantengan una genuina curiosidad hacia la ACT, incluso bastante gusto por ella.

NUEVOS CASOS CLÍNICOS ABORDADOS DESDE ACT

Si bien es agradable hablar de gustos, no es en lo absoluto suficiente para poder escoger un modelo de intervención clínica; hace falta que el modelo tenga la suficiente investigación, tanto básica como aplicada, para poder afirmar que se tiene un buen pronóstico a partir de su implementación. La ACT es una de esas terapias que cuentan con toda una evidencia aplastante de su efectividad.

A diferencia de otras terapias basadas en la evidencia, ACT se llama así, no tan solo por ser un acrónimo en inglés del mismo nombre del modelo (*Acceptance and Commiment Therapy*), sino porque también te recuerda varias cosas: *Aceptar, Comprometerte a una dirección y Tomar la iniciativa de acción*. Dicho de otro modo, ACT te recuerda *ACTuar* para vivir la vida que quieres vivir.

El recorrido por los diferentes capítulos, que, a su vez, cada uno es un caso diferente documentado de cómo se aplicó y se puede aplicar ACT en algunos de los problemas psicológicos más frecuentes (pero también muy complejos), le permite al lector ampliar la perspectiva y poder aprender/ampliar nuevos repertorios comportamentales en cuanto a la práctica psicológica clínica.

Si bien ACT no es un punto de llegada, ni la panacea a los tratamientos psicológicos, sí que es una alternativa bastante útil para todos aquellos psicólogos que quieran ayudar a otras personas a tener una vida más plena, con significado y propósito; de una manera apegado a la ética y a la ciencia psicológica. Dicho de otra forma, ACT es una herramienta que más de uno debería considerar.

La presente obra hace una aportación muy valiosa al estudio y práctica de la Terapia de Aceptación y Compromiso en habla hispana. Lo cual es algo importante y necesario tomando en cuenta nuestro propio contexto, lo educativo, social, clínico, etc.

Al mismo tiempo, espero que estas líneas sirvan al lector como una operación motivacional para involucrarse en esta obra con el mismo compromiso que lo ha hecho el autor en su desarrollo. Con ello, estarás en el derrotero que ayuda a las personas a ser su propio agente de cambio y hacer de su contexto, un contexto más apetitivo.

Con mucho agradecimiento al autor y mis mejores anhelos,

Psic. Raymundo González Terrazas
Guerrero, México
14 de abril del 2020

INTRODUCCIÓN GENERAL

Desde sus comienzos, la denominada Terapia de Conducta se ha caracterizado por sus intentos de buscar una aproximación lo más científica posible al estudio de la conducta humana, tratando de desarrollar una tecnología basada en los principios o leyes del aprendizaje validados de forma empírica.

Los psicólogos conductistas, liderados por Watson y Skinner, participaron en el nacimiento de la denominada "Primera Ola" o "Primera Generación" de las Terapias de Conducta, cuyo principal objetivo fue el de cuestionar y vencer las limitaciones e inconvenientes de las corrientes clínicas predominantes a principios del siglo XX, principalmente basadas en el Psicoanálisis de Sigmund Freud y sus seguidores. Como contrapunto, los conductistas señalaron la importancia de crear un enfoque clínico basado en los principios y leyes del comportamiento humano establecidos científicamente. De este modo, en lugar de recurrir a constructos hipotéticos o a variables intrapsíquicas tales como los conflictos del inconsciente o el complejo de Edipo para explicar los problemas psicológicos, se señalaron otras variables tales como las contingencias de reforzamiento o el control discriminativo de ciertos estímulos sobre la conducta. Como alternativa a técnicas como la hipnosis, la asociación libre o la interpretación de los sueños, la terapia de conducta se centró en el manejo directo de las contingencias de la conducta observable. Este nuevo enfoque, a pesar de suponer un claro avance, no fue del todo eficaz en el tratamiento de algunos problemas psicológicos.

Posteriormente, tratando de mejorar o completar a las técnicas de la "Primera Ola", surgiría una "Segunda Ola" o "Segunda Generación" de las Terapias de Conducta caracterizada por poner el énfasis en el pensamiento o la cognición como causa fundamental de la conducta y, por lo tanto, de los trastornos psicológicos. Como consecuencia de esto, la intervención clínica pasaría a centrarse en el cambio, eliminación o control de los pensamientos. Estas intervenciones han obtenido resultados positivos en el tratamiento de muchos problemas psicológicos, empleándose aún de forma amplia en la época actual, a pesar de ello, son consideradas iatrogénicas por muchos profesionales de la psicología clínica, quienes alarman sobre el hecho de que sus planteamientos, enfocándose en el control de eventos privados, podría predisponer a algunas personas, según ciertas circunstancias, a generar un patrón rígido de actuación centrado en una continua evitación experiencial, limitando algunos aspectos de su vida con ello (Cioffi y Holloway, 1993; Gross y Levenson, 1993, 1997; Gutiérrez, Luciano, Rodríguez y Fink, 2004; Sullivan, Rouse, Bishop y Johnston, 1997; Wegner y Erber, 1992).

Preocupados por los efectos de la evitación experiencial y la iatrogénesis que podría llevar asociada la Terapia de Conducta de "Segunda

NUEVOS CASOS CLÍNICOS ABORDADOS DESDE ACT

Generación", algunos profesionales de la psicología plantearon nuevos enfoques dirigidos a tratar los problemas psicológicos de las personas. En esta línea, el análisis funcional de la conducta verbal ha encontrado en los últimos años un creciente potencial en cuanto a nuevos modelos de intervención clínica. Una de las terapias más relevantes en este sentido enmarcada en "Las Terapias de Tercera Generación" o "Las Terapias de la Tercera Ola" es la Terapia de Aceptación y Compromiso o ACT (Hayes, Strosahl y Wilson, 1999; Wilson y Luciano, 2002), contando con el respaldo teórico de la llamada Teoría del Marco Relacional (Hayes, Barnes-Holmes y Roche, 2001). ACT aborda los problemas del comportamiento y las emociones de los pacientes enfatizando el análisis del papel que juega la evitación experiencial de eventos privados aversivos en la génesis y el mantenimiento de multitud de problemas de índole psicológico y ofreciendo una serie de herramientas terapéuticas útiles a la hora de cambiar esos patrones evitativos y disfuncionales.

Este libro, al igual que su predecesor *Terapia de Aceptación y Compromiso: Abordaje de cinco casos clínicos* (Jiménez, 2014), vuelve a recoger y analizar los resultados de la aplicación de ACT en el tratamiento de cinco nuevos casos clínicos (piromanía, TOC, tricotilomanía, trastorno de pánico y trastorno explosivo-intermitente) distintos entre sí en cuanto a sintomatología pero con bastante similitud en cuanto a los procesos funcionales implicados.

Así, estos nuevos cinco casos vuelven a ser abordados mediante ACT, nuevamente bajo el enfoque teórico del Modelo de los Mecanismos Tensionales propuesto en el libro *Pensamientos Incotrolables: El Modelo de los Mecanismos Tensionales en la Psicopatología Humana* (Jiménez, 2012) basado en el Trastorno de Evitación Experiencial o TEE (Hayes, Wilson, Gifford, Follette y Stroshal, 1996) y en la Teoría de la Terminación Conductual (McConaghy, 1980).

El referido Trastorno de Evitación Experiencial o TEE (Hayes et al., 1996) hacía referencia a una dimensión funcional del sufrimiento psicológico en el que un individuo se halla envuelto de forma crónica y persistente, a pesar de lo desadaptativo que esto le resulta para su vida. Básicamente, lo que sus defensores proponen es que los esfuerzos de una persona por evitar ciertos pensamientos, sentimientos, sensaciones fisiológicas o eventos privados de cualquier tipo, producen el efecto contrario. Así, cuando una persona se dice a sí misma: «Tengo que evitar pensar que *soy una mala persona*» o «Tengo que pensar que yo no *soy una mala persona*», paradójicamente, ambos enunciados contienen el contenido evitado «*soy una mala persona*». Según esto, cuando cualquier individuo intenta evitar o suprimir un contenido, llamémosle X, necesariamente va a estar en relación o en contacto con dicho contenido X, produciéndose un efecto paradójico.

NUEVOS CASOS CLÍNICOS ABORDADOS DESDE ACT

El Modelo de los Mecanismos Tensionales asume los fenómenos paradójicos del TEE (Hayes et al., 1996), pero otorga un papel determinante a la tensión (de ahí su nombre), entendida como malestar fisiológico o activación fisiológica desagradable, en la explicación de los trastornos psicológicos. Este postulado es desarrollado directamente a partir de la Teoría de la Terminación Conductual (McConaghy, 1980), que defiende que, cuando una persona se encuentra ante una situación estimular catalogada como amenazante, se produce una activación fisiológica aversiva que sólo desaparece llevando a cabo una conducta compulsiva de contacto o aproximación hacia ese estímulo. Este fenómeno seguiría un patrón de reforzamiento negativo en el que el refuerzo de la conducta sería la eliminación de las sensaciones de malestar y ansiedad.

Combinando las dos teorías en las que se basa, la del TEE (Hayes et al., 1996) y la de la Terminación Conductual (McConaghy, 1980), a través del Modelo de los Mecanismos Tensionales

NUEVOS CASOS CLÍNICOS ABORDADOS DESDE ACT

se puede entender bastante bien cómo pueden instaurarse, de forma crónica, las preocupaciones, obsesiones y pensamientos negativos característicos de muchos trastornos o problemas psicológico y cómo, para reducir la ansiedad asociada a todos esos eventos aversivos (que paradójicamente aumentan al intentar ser evitados), se pueden llevar a cabo conductas desadaptativas o inadecuadas socialmente.

A lo largo de este libro, comprobaremos cómo la ACT es una herramienta terapéutica útil para desenmascarar y conseguir desarmar los procesos descritos anteriormente, sacando a los protagonistas de cada caso clínico de los círculos viciosos en los que los se hayan envueltos. Para finalizar, dejaremos claro que en las distintas intervenciones descritas no se han seguido estrictamente los pasos o procedimientos establecidos en la mayoría de manuales sobre ACT y conocidos como *hexaflex*, sino que se han ido empleando sus procedimientos de forma aleatoria según las necesidades de cada caso.

Referencias

Hayes, S.C., Wilson, K.G., Gifford, E.V., Follete, V.M. y Strosahl, K. (1996). Experiential avoidance and behavior disorder: a functional dimensional approach to diagnoses and treatment. *Journal of Consulting and Clinical Psychology, 64,* 1.152-1.168.

Hayes, S.C., Strosahl, K.D. y Wilson, K.G. (1999) *Accepttance and conmmitment therapy. An experiential approach to behavior change.* NuevaYork: Guilford Press.

Jiménez, R. (2012). *Pensamientos Incontrolables: El Modelo de los Mecanismos Tensionales en la Psicopatología Humana.* Raleigh: Lulu Press.

Jiménez, R. (2014). *Terapia de Aceptación y Compromiso: Abordaje de cinco casos clínicos.* Raleigh: Lulu Press.

McConaghy, N. (1980). *Behavior Completion
Mechanisms*. New York: Plenum Press.

Wilson, K. G. y Luciano, M. C. (2002). *Terapia
de Aceptación y Compromiso (ACT). Un
tratamiento orientado a los valores*. Madrid:
Pirámide.

TRATAMIENTO TERAPÉUTICO DE UN CASO DE PIROMANÍA DESDE LA TERAPIA DE ACEPTACIÓN Y COMPROMISO

Este trastorno se caracteriza, según el *DSM-V* (APA, 2013) por la provocación deliberada e intencionada de un incendio en más de una ocasión, tensión o activación emocional antes del acto y bienestar, gratificación o liberación cuando se inicia el fuego. Además, el incendio no se provoca por móviles económicos, como expresión de una ideología sociopolítica, para ocultar una actividad criminal, para expresar cólera o venganza, en respuesta a una idea delirante o alucinación, como resultado de una alteración del juicio o por la presencia de un trastorno antisocial o un episodio maníaco.

A pesar de que todavía se observan ciertos rechazos o prejuicios sociales hacia los individuos que padecen piromanía, hace tiempo que esta conducta es considerada un trastorno psicológico, trastorno que interfiere negativamente en el funcionamiento cotidiano de las personas que lo padecen. Por ello, resulta de interés analizar los procesos funcionales implicados en dicho problema psicológico para escoger el tratamiento más eficaz en su abordaje.

Descripción del caso clínico

El cliente del caso clínico de piromanía que se expone se trata de Pablo, un menor de 17 años de edad, estudiante de 4º curso de ESO. Pablo acude a consulta acompañado de sus padres, quienes demandan ayuda por un problema de piromanía que el menor viene padeciendo desde hace unos cuatro años.

Tras entrevista con los padres, donde se pone de manifiesto un estilo educativo sobreprotector en exceso, se procedió a entrevistar al menor a solas. Pablo relató que, desde hace unos cuatro años, experimentaba impulsos incontrolables por encender fuegos en circunstancias diversas y que cuando intentaba resistir esos impulsos, experimentaba una tensión tan insoportable que se veía obligado a rendirse a tales impulsos para que dicha tensión disminuyese.

La primera vez que Pablo prendió fuego a un objeto tenía 12 años. Se encontraba sólo en el salón de casa, algo aburrido, y fortuitamente cogió el encendedor de su padre (el cual era fumador) que se encontraba sobre una mesa y decidió prender fuego a su viejo oso de peluche. Según él, lo hizo por simple curiosidad. Rápidamente, al ver el oso prenderse, lo llevó al cuarto de baño y lo puso bajo el grifo del lavabo para apagarlo. Su progenitora, que en ese momento se encontraba en la cocina, al oler el humo, se presentó ante él y le riñó severamente. Por supuesto, le prohibió para siempre el volver a jugar con fuego.

A raíz de aquel episodio, Pablo empezaría a decirse a sí mismo, a modo de autoinstrucciones, cosas como: "Mamá no quiere que juegue con el fuego", "El fuego es peligroso, debo evitar pensar en él", "Voy a intentar no pensar en jugar con fuego". Pablo relata que este tipo de pensamientos lo hacían sentir tenso, temiendo por la posibilidad de no ser capaz de resistirse a jugar con el fuego. Entonces, le surgían nuevos pensamientos más, del tipo "Si no puedo controlarme, mamá se volverá a enfadar conmigo", "Creo que no seré capaz de controlarme", etc. La culpa y la ansiedad por tener este tipo de pensamientos iban aumentando cada vez más, hasta que Pablo acabó rindiéndose a sus impulsos y, para descargar esta tensión, cogió una caja de cerillas e hizo una pequeña fogata con papeles y revistas viejas en un descampado cercano a su vivienda. Aquel segundo episodio no tuvo consecuencias negativas para él, pero tras el mismo, Pablo se sintió culpable y molesto consigo mismo por haber desobedecido a su madre. A partir de ahí, Pablo pondría todo su empeño en que no volviese a suceder nada parecido nunca más. Pero entonces, lo que ocurría es que, de nuevo, las autoinstrucciones que el menor se decía así mismo para controlarse lo hacían sentir tenso, temiendo por la posibilidad de no ser capaz de resistirse a jugar con el fuego nuevamente.

En algunas ocasiones, el cliente conseguía controlarse, pero era más habitual que no lo hiciese y, poco a poco, sus episodios de juego con el fuego se hacían más continuos. La situación empeoró al ser reprendido por sus vecinos tras prender fuego a un contenedor de basura a la edad de 15 años. Varios de sus vecinos lo amenazaron con denunciarlo a la policía. Finalmente no lo harían, pero relataron el episodio a su madre, quien se enfadó enormemente. Pablo refiere que el ciclo de intento de control-ansiedad-conducta pirómana para descargar la tensión acumulada se fue haciendo más constante aún a raíz de aquel momento.

Análisis Funcional y Topográfico del caso

Dados los datos aportados por Pablo y sus progenitores, desde una perspectiva basada en el Análisis Funcional, habría que dejar claro que, aunque el problema expuesto cumpliría con los criterios diagnósticos de un trastorno de piromanía, lo cierto es que este diagnóstico psicopatológico tiene una utilidad clínica limitada, ya que no proporciona ninguna clave a nivel funcional que pueda orientarnos a la hora de programar nuestra intervención terapéutica. Para establecer el tratamiento idóneo, es determinante llevar a cabo el análisis funcional y topográfico de las conductas problemas con el objetivo de actuar sobre las variables relevantes de este caso en concreto.

La conducta que el cliente Pablo y sus progenitores señalan como problemática es el impulso incontrolado de prender fuego a determinados objetos desde hacía unos cuatro años. Esa conducta va precedida generalmente por las siguientes respuestas:

1) Respuesta cognitiva-verbal previa: "No debería jugar con fuego, es peligroso", "No está bien, mamá se va a enfadar conmigo".

2) Respuesta fisiológica previa: Acompañando a la respuesta cognitiva-verbal señalada en el punto anterior, el cliente experimenta una activación fisiológica desagradable (tensión, agitación, ansiedad, etc.).

Como se puede apreciar, lo que el cliente y sus padres catalogan como "un impulso incontrolado de prender fuego", en realidad implica todo un entramado de sensaciones fisiológicas desagradables, precedidas a su vez por múltiples respuestas cognitivas. Ante estas circunstancias, la activación fisiológica llega a hacerse tan insufrible que Pablo se ve obligado a prender fuego a algún objeto para que ésta disminuya. Nuestro cliente experimentaba una gran tensión fisiológica cuando intentaba controlar su impulso y todos los esfuerzos por evitar estas sensaciones eran infructuosos y hacían paradójicamente que se fuese sintiendo cada vez peor. Él ya sabía que si jugaba con fuego, luego acabaría sintiéndose mal y culpable consigo mismo, pero la cuestión aquí es que él ya estaba sintiéndose mal antes de llevar a cabo dicha conducta. Realmente, la anticipación ansiosa de la posibilidad de no controlar su impulso es lo que, paradójicamente, hacía que no lo controlase.

A nivel topográfico las respuestas que emite Pablo cuando acaba cediendo a su impulso son las siguientes:

1) Respuesta cognitiva-verbal: Pablo, tras batallar sin éxito por controlar todas las sensaciones desagradables que experimenta cuando se encuentra ante la posibilidad de quemar algún

objeto, tiene el pensamiento "No soporto esta angustia, me rindo".

2) Respuesta motora: Pablo acaba prendiendo fuego a algún objeto.

Las contingencias que siguen a estas respuestas son obvias, a corto plazo el cliente ha descargado el malestar fisiológico originado por los intentos de evitación/control de la conducta problema, pero a largo plazo se siguen desencadenando consecuencias negativas (deterioro de la autoestima del cliente, riesgo de provocar un incendio, etc.). Estas consecuencias negativas lo predispondrán a esforzarse aún más por controlar sus impulsos la próxima vez que se encuentre ante la posibilidad de quemar algo, convirtiéndose en factores de mantenimiento del problema.

Debido a estas consecuencias, cada vez que el cliente se encuentra en contacto con situaciones estimulares donde surge la posibilidad de quemar cualquier objeto, se dispara el proceso de lucha-rendición descrito anteriormente. Como se puede apreciar, la conducta del cliente seguiría un patrón de reforzamiento negativo (el cliente consigue eliminar sensaciones fisiológicas desagradables).

Aunque para Pablo la conducta problema que pretendía eliminar era la quema impulsiva de objetos, bajo nuestro punto de vista el problema sobre el que incidir era más bien el círculo vicioso de lucha-rendición en relación a la propia conducta de prender fuego.

Tratamiento terapéutico del caso clínico basado en la Terapia de Aceptación y Compromiso

Teniendo en cuenta el análisis funcional y topográfico anterior, la intervención terapéutica se centró en socavar la conducta de control/evitación del impulso pirómano, dado que el propio intento de control/evitación constituye el factor principal de mantenimiento del problema.

En la primera sesión, además de recoger toda la información relevante en la historia personal del caso, el primer paso en la aplicación de ACT consistió en exponer al cliente las singularidades de la propia terapia, advirtiéndole de la posibilidad de que algunos de sus planteamientos pudieran originarle, de inicio, desconcierto o confusión. Posteriormente, se llevó a cabo una lista de aspectos valiosos de la vida del cliente que se habían visto afectados o deteriorados por su problema. En este sentido, Pablo manifestó que, a raíz de su problema, había empeorado su rendimiento académico, se habían deteriorado sus relaciones sociales (varios amigos habían tenido conocimiento de su problema y se alejaron en cierta manera de él) y, en general, había perdido interés en actividades deportivas que antes eran reforzantes para él.

Ya en la segunda sesión, se llevó a cabo con el cliente la discusión o puesta a prueba de la finalidad y utilidad de las estrategias de control/evitación que venía utilizando hasta ahora,

NUEVOS CASOS CLÍNICOS ABORDADOS DESDE ACT

para que entendiese claramente que tales estrategias constituían el factor principal de mantenimiento de su conducta-problema. Pablo entendió sin muchas dificultades las explicaciones funcionales de su problema. De hecho, él mismo ya comentaba, durante las entrevistas iniciales de recogida de datos clínicos, cómo las sensaciones desagradables que experimentaba cuando intentaba resistir el impulso de quemar algo aumentaban a medida que lo hacían sus propios esfuerzos de control. De todas formas, para ayudar al cliente a entender mejor dicho proceso, se emplearon varias metáforas, entre ellas la metáfora "del tigre" que presentan Hayes y Smith (2005) en el libro *Sal de tu mente, entra en tu vida*. En este caso concreto, se indicó a Pablo que imaginara cómo una mañana se encuentra a un adorable cachorrillo de tigre y decide adoptarlo como mascota. Observa que maulla sin parar y decide darle un trocito de carne porque da por hecho que tiene hambre. Entonces, repite la misma operación día tras día y comprueba que el cachorro va creciendo poco a poco. Al cabo de los años se ha convertido en un feroz tigre adulto al que tiene que darle cada vez más comida para tenerlo satisfecho. Del mismo modo, cada vez que Pablo está dando más poder a sus eventos internos desagradables a través de la evitación experiencial, el tigre de su sufrimiento va creciendo más y más y cada vez demandará más comida.

Tras una tercera sesión en la que se siguió profundizando sobre los aspectos descritos anteriormente mediante el empleo de varias metáforas, ya en la cuarta sesión, el siguiente paso de la intervención terapéutica consistió en plantearle a Pablo si estaría dispuesto a comprometerse con la decisión de abandonar la conducta de quemar objetos ahora que sabía que no podía evitar o controlar el hecho de "sentir ganas" de quemarlos. Es decir, abandonar la conducta de quemar implicaría necesariamente aceptar y sobrellevar toda la activación fisiológica desagradable que el cliente experimentaba cuando se encontraba ante la posibilidad de prender fuego a algo. Es en esta fase cuando se expone al cliente la alternativa terapéutica de aceptar las ganas de quemar cosas como una de las muchas experiencias aversivas que puede experimentar en otros contextos cotidianos de su vida. De esta forma, se le ofrecieron ejemplos de otras circunstancias en las que tenía que aceptar experiencias desagradables tales como esperar en clase, aunque se encontrase fatigado, hasta que tocase la sirena para salir, esperar y soportar la sensación de hambre hasta que salía del instituto y podía marcharse a casa para almorzar, esperar la cola para comprar una entrada de cine, etc. Una metáfora que fue de utilidad en esta fase del tratamiento fue la "metáfora de la ola" planteada en su manual por Wilson y Luciano (2002). Según esta metáfora las sensaciones desagradables que experimentaba Pablo al intentar reprimir la conducta de quemar cosas sería equivalente a una ola que crece y crece sobre el mar, pero que, después de alcanzar un punto máximo, acaba rompiéndose y desapareciendo al llegar a la orilla.

Finalmente, Pablo se comprometió con la decisión de aceptar que las activaciones fisiológicas desagradables seguirían apareciendo ante la posibilidad de quemar objetos, pero eso no sería impedimento para llevar a cabo una vida plena según sus valores. A este respecto, el cliente manifestó algunas dificultades para establecer sus valores personales, ofreciendo primeramente una serie de metas y objetivos concretos (lograr terminar el curso de 4º ESO y obtener el Graduado, mejorar la relación con su madre, conseguir una novia, etc.). Fue necesario, en las últimas sesiones, hacer hincapié en la diferencia entre metas y objetivos respecto a los valores, explicándole a Pablo el hecho de que los valores no son metas u objetivos concretos, sino más bien direcciones que nos guían en nuestras vidas. Las metas u objetivos concretos se pueden alcanzar, obtener y, por lo tanto, concluirse y acabarse, pero una dirección nunca se acaba, es infinita. Tras esta aclaración, finalmente Pablo establecería los siguientes valores:

-Aprender y formarse

-Ser buen hijo

-Ser una persona amable

-Ser una persona deportista

Se dio por finalizado el tratamiento después de siete sesiones y se volvió a citar al cliente para mantener una entrevista de seguimiento a los dos meses y medio.

Al cabo de esos dos meses y medio, Pablo, ya mayor de edad, acudió solo, sin la compañía de sus padres, a la cita de seguimiento y manifestó que se mantenía sin haber prendido fuego a nada en ese tiempo. Además, informó de que la intensidad de las "ganas de quemar objetos" que experimentaba era mucho menor que antes de iniciar la terapia.

Al cabo de seis meses, se contactó telefónicamente con Pablo para continuar con el seguimiento de su evolución terapéutica. Pablo comentó que, a pesar de que muy ocasionalmente todavía sentía "ganas de quemar objetos" cuando surgía la posibilidad, permanecía sin hacerlo. A nivel anímico, el cliente refería encontrarse mucho mejor que antes de llevar a cabo el tratamiento, la relación con su madre era positiva y había logrado superar el curso de 4º de ESO.

Conclusiones del caso

El desenlace del caso clínico presentado nos permite albergar cierto optimismo al respecto de las posibilidades de la ACT en el tratamiento de la piromanía.

Este caso clínico vuelve a poner de manifiesto la máxima del Análisis Funcional que hace referencia a que la conducta siempre tiene un sentido o función. Por lo tanto, se hace fundamental que el terapeuta entienda esta función de las conductas del cliente, analizadas siempre en relación al entorno o contexto, para poder ayudarle.

En este caso de piromanía, la conducta pirómana del cliente estaba gobernada fundamentalmente por un proceso de reforzamiento negativo. El descubrimiento de que los esfuerzos por controlar tal conducta generaban en él una activación fisiológica desagradable, que paradójicamente le impedía controlarla, fue clave. La conducta de quemar objetos de forma impulsiva era reforzada negativamente al permitir al cliente liberarse, aunque solo fuese a corto plazo, de sus pensamientos de miedo, culpa y ambivalencia y descargar la tensión fisiológica desagradable producida por sus intentos de evitación/control previos. Aunque a largo plazo las consecuencias negativas de la conducta de quemar objetos (llegar a ser descubierto y denunciado, problemas familiares, problemas de autoestima, etc.) superaban a las positivas, estas propias consecuencias negativas constituían a su vez un factor de mantenimiento que retroalimentaba el círculo vicioso de lucha-rendición en el que se hallaba inmerso el cliente. Así, cuando Pablo se percataba de todas esas consecuencias negativas, se autoinstruía para intentar evitar o controlar la conducta, reanudándose el mencionado círculo vicioso.

Por ello, el que el cliente tomase conciencia de los efectos paradójicos y contraproducentes de la evitación experiencial fue un factor clave en la aplicación de ACT. Cuando el cliente asimiló que no había ninguna forma efectiva de reducir la activación desagradable que experimentaba cuando surgía la posibilidad de quemar objetos y que para abandonar dicha conducta tendría que aceptar tales sensaciones desagradables, estuvo en condiciones de comprometerse con la elección de no volver a quemar cosas.

NUEVOS CASOS CLÍNICOS ABORDADOS DESDE ACT

Referencias

American Psychiatric Association (2013). *DSM-V Manual diagnóstico y estadístico de los trastornos mentales.* Editorial Médica Panamericana.

Hayes, S.C. y Smith, S. (2005) *Get Out of Your Mind and Into Your Life.* Oakland: NewHarbinger Publications.

TRATAMIENTO TERAPÉUTICO DE UN CASO DE TOC DESDE LA TERAPIA DE ACEPTACIÓN Y COMPROMISO

Según el *DSM-V* (APA, 2013), el TOC se caracteriza por la presencia de obsesiones (pensamientos, impulsos o imágenes recurrentes y persistentes experimentados como egodistónicos, es decir, como intrusos e inapropiados) y compulsiones (comportamientos o actos mentales de carácter repetitivo que el individuo se ve obligado a realizar para reducir el malestar provocado por las obsesiones).

Este simple diagnóstico psicopatológico tiene una utilidad limitada a nivel de terapia o clínico, ya que por sí mismo no proporciona claves terapéuticas para aplicar en cada caso concreto. A este respecto, habría que señalar la necesidad de aplicar el Análisis Funcional en cada caso, ya que se trata de una técnica básica para entender los diversos tipos de conductas problemáticas que pueden manifestar los seres humanos (Kohlenberg y Tsai, 1991; Velasco y Quiroga, 2001; Ferro, Valero y López Bermúdez, 2009).

Descripción del caso clínico

La cliente del caso clínico presentado se trata de Trini, una joven, de 18 años de edad, estudiante de 1º de psicología, que acude a consulta acompañada de su padre (es huérfana de madre) y que demanda ayuda debido a que, desde los 10 años aproximadamente, experimenta, de forma más o menos continua, pensamientos del tipo "Algo malo le ocurrirá a mi padre" o "Mi padre puede morir al igual que mi madre". La joven vivenciaba estos pensamientos como egodistónicos (ajenos a su propia voluntad), pero en cierta manera se sentía responsable de ellos y culpable, al tener la creencia irracional de que cuanto más pensaba esas cosas, más probable era que sucediesen. Para compensar este malestar psicológico, Trini desarrolló una serie de compulsiones tales como decir tres veces seguidas la palabra "protección" o quitarse los pendientes y volvérselos a poner tres veces consecutivas.

Como datos relevantes en la historia personal de Trini, hay que referir que, tal y como pusieron de manifiesto ella y su padre en las entrevistas iniciales, tanto el padre como la madre fueron extremadamente protectores con ella durante su infancia, por lo que Trini creció siendo una niña muy insegura, temerosa y poco independiente. Otro dato importante es que, en cuanto a la relación de pareja entre sus padres, Trini relató que ésta no era muy buena y que en la familia se producían discusiones frecuentes. Para Trini, el temor a que sus padres, antes de que falleciera la madre, pudieran romper el matrimonio y separarse se hizo constante. Empezó a preocuparse, además, por la posibilidad de que ella tuviera algo que ver en las discusiones de sus padres, sondeando alguna responsabilidad propia en tal situación.

NUEVOS CASOS CLÍNICOS ABORDADOS DESDE ACT

En referencia a la muerte de la progenitora, ocasionada en un accidente de tráfico, cuando Trini contaba con 9 años de edad, ésta fue vivenciada de forma muy traumática por la cliente. La fase de duelo se caracterizó por pérdida drástica de apetito, irritabilidad, alteraciones del sueño y bajada del rendimiento académico (que hasta entonces era excelente). Todos estos síntomas se regularon y mejoraron al cabo de un año y medio aproximadamente, si bien dieron paso a las obsesiones y compulsiones por las que Trini demandaba ayuda.

La joven informó de que la primera vez que experimentó sus pensamientos obsesivos era invierno y había ido a la montaña a ver la nieve con algunos familiares. Ella decidió ir en el coche de sus tíos junto a sus primos mientras que su padre iba en otro vehículo junto a los abuelos, iniciando la marcha bastante más tarde. Cuando Trini llevaba un rato en la montaña y su padre no había llegado aún, repentinamente empezó a preocuparse. Comenzó a pensar cosas tales como

"¿Por qué tarda tanto?", "¿Habrá tenido algún accidente como el que tuvo mi madre?" Por un momento, decidió dejar de preocuparse y disfrutar de la montaña con sus primos pero, a continuación, le surgían pensamientos como: "¿Cómo no voy a preocuparme por mi padre?", "Es mi obligación preocuparme por si le ha ocurrido algo".

Trini recuerda que, de repente, se vio asaltada por un pensamiento que la desconcertó mucho más que las preocupaciones anteriores y que fue el siguiente: "Si pienso tanto en la posibilidad de que le ocurra algo a mi padre, tal vez estoy haciendo que sea más probable que ocurra" o "¿Puedo atraer las desgracias con mi pensamiento?" Esta duda le ocasionó tal angustia, tensión y culpa, que Trini, para intentar relajarse, buscó desesperadamente la manera de contrarrestarlas o neutralizarlas. Así, lo primero que se le ocurrió fue repetir en voz baja la palabra "protección" tres veces seguidas, tal lo cual experimentó cierta relajación.

Finalmente, su padre acabaría llegando sin problemas, pero, a partir de ese día, cada vez que su padre se retrasaba al llegar a casa, Trini, además de preocuparse porque le pudiese haber ocurrido algo, se preocupaba aún más por la posibilidad de experimentar pensamientos del tipo "Si me preocupo tanto por la posibilidad de que le ocurra algo, quizás con mis pensamientos atraiga a la mala suerte y acabe ocurriendo realmente" y la manera de descargar la tensión psicológica asociada a estos pensamientos era repitiendo la palabra "protección" tres veces seguidas y, posteriormente, sin ser capaz Trini de ofrecer ninguna explicación al respecto, acabaría añadiendo también la compulsión de quitarse los pendientes y volvérselos a poner tres veces consecutivas.

.

Análisis Funcional y Topográfico del caso

Basándonos en toda la información ofrecida por Trini, parece obvio que se está ante un caso clínico de TOC. Ahora bien, lo que interesa a nivel clínico no es tanto éste diagnóstico psicopatológico como las claves funcionales significativas en el caso para poder intervenir sobre ellas.

Así, como factores predisponentes para la aparición del TOC hay que señalar variables como el estilo educativo sobreprotector por parte de sus padres, que propició que Trini creciese siendo una niña muy insegura, temerosa y dependiente. Además, la mala relación de sus progenitores llevaba a Trini a preocuparse por su posible separación y por si ella pudiera tener alguna responsabilidad en tal asunto, factor que propiciaba un contexto de evaluación/valoración y/o contexto de dar razones (Hayes et al., 1999; Wilson y Luciano, 2002). Todos estos eran factores predisponentes para que apareciese el

TOC, sólo faltaba un factor precipitante para que terminara de eclosionar, como fue el repentino fallecimiento de la progenitora. En cuanto a las compulsiones llevadas a cabo por Trini, la función de estas conductas serían las de descargar tensión o malestar psicológico, siguiendo un patrón de reforzamiento negativo.

En síntesis, a nivel funcional, nuestro análisis sería el siguiente:

1) Respuesta cognitiva/verbal previa: "¿Por qué tarda tanto?", "¿Habrá tenido algún accidente como el que tuvo mi madre?", "¿Cómo no voy a preocuparme por mi padre?", "Es mi obligación preocuparme por si le ha ocurrido algo", "Si pienso tanto en la posibilidad de que le ocurra algo a mi padre tal vez estoy haciendo que sea más probable que ocurra" o "¿Puedo atraer las desgracias con mi pensamiento?"

2) Respuesta fisiológica previa: Activación fisiológica desagradable (tensión, agitación, ansiedad, etc.).

Tras esta lucha interna lidiando con pensamientos que hacía que su ansiedad y malestar fueran aumentando progresivamente, Trini acabaría desarrollando las compulsiones descritas en puntos anteriores, las cuales, a nivel funcional, serían las siguientes:

1) Respuesta cognitiva/verbal: "Tengo que hacer algo para eliminar estas preocupaciones".

2) Respuesta motora: Repite la palabra "protección" tres veces seguidas o se quita los pendientes y se los vuelve a poner tres veces consecutivas.

Las contingencias que siguen a estas respuestas son claras, a corto plazo la cliente consigue descargar el malestar fisiológico originado por los intentos de evitación/control de sus preocupaciones. Como casualmente tras las compulsiones el fenómeno temido no tiene lugar (no ocurre nada malo a su padre), Trini acaba atribuyéndoles la facultad de impedir que se produzcan los acontecimientos que teme. Podemos apreciar entonces que las conductas problemáticas de la cliente seguirían un patrón de reforzamiento negativo (la cliente consigue eliminar sensaciones fisiológicas desagradables).

Tratamiento terapéutico del caso clínico basado en la Terapia de Aceptación y Compromiso

Teniendo en cuenta el análisis funcional y topográfico anterior, la intervención terapéutica se dirigió a trabajar sobre la conducta de control/evitación de eventos privados, dado que el propio intento de control/evitación constituiría el factor principal del problema (Hayes, Strosahl y Wilson, 1999; Wilson y Luciano, 2002).

Tras analizar en las primeras sesiones las expectativas de la cliente sobre la terapia y presentarle ACT y sus características, la primera estrategia terapéutica consistió en fomentar en la cliente la "desesperanza creativa" (Wilson y Luciano, 2002) para que Trini tomara conciencia de que, a pesar de todos sus esfuerzos por controlar o evitar los pensamientos o sensaciones que la atormentaban, no había conseguido ningún resultado positivo. Para ayudar a la facilitación de ese proceso se utilizó la metáfora del hoyo (Wilson y Luciano, 2002). A modo de síntesis, en tal metáfora se presenta la situación de un hombre que intenta salir del hoyo en el que se encuentra atrapado cavando con una pala. El resultado es que dicho hoyo se va haciendo cada vez más hondo y el sujeto se hunde progresivamente más y más.

Posteriormente, se aborda junto a la cliente el análisis funcional planteado sobre su   conducta para que comprenda que justo sus intentos de control/evitación constituyen la raíz del problema. Para facilitar la asimilación de las explicaciones funcionales de su problema, se usaron dos metáforas inspiradas en las propuestas por Hayes, Strosahl y Wilson (1999). Por cuestiones de espacio, estas metáforas se presentan resumidas:

1) Metáfora del monstruo: Se le explica a la cliente que los pensamientos, imágenes y sensaciones temidas equivalen a un monstruo que aumenta de tamaño y se pone más furioso a medida que se le presta más atención y nos esforzamos por huír de él. Por el contrario, si se acepta a ese monstruo, dejándolo estar, este permanecerá pequeño e inofensivo.

2) Metáfora de los visitantes molestos: En este caso, los pensamientos, imágenes y sensaciones temidas serían equivalentes a los visitantes molestos que acuden a una

fiesta a la que no han sido invitados. Si el anfitrión les presta atención, estos le impedirán disfrutar de su fiesta y si intenta echarlos puede producirse un conflicto desagradable que arruine definitivamente la reunión. La solución sería aceptarlos, dejándolos estar, y centrarse en el resto de invitados a los que sí aprecia.

De esta manera, la solución terapéutica que se le propone a la cliente para contrarrestar los efectos paradójicos y perjudiciales de los intentos de control/evitación es la aceptación incondicional de cualquier evento privado. Se le hizo especial hincapié a la cliente en que la aceptación o "estar dispuesto a", en el sentido que toma desde ACT, se entiende como el estar completamente "abierto a" sentir, recibir y experimentar cualesquiera de las situaciones, experiencias, emociones o sensaciones que nos ofrezca la vida, a pesar de lo desagradables, aversivas o negativas que éstas puedan parecernos. Implica estar despierto, plenamente consciente de las propias vivencias. Uno no puede "estar dispuesto a" o "estar abierto a", con la intención de disminuir su malestar, pues entonces la aceptación pasaría a ser otra forma más de control o evitación de las experiencias y sería completamente ineficaz o incluso contraproducente.

A pesar de que la cliente parecía comprender perfectamente que los intentos de represión de los pensamientos que temía hacían que aumentase su activación fisiológica, seguía presentando una gran resistencia a permanecer pasiva ante ellos, pues tenía en cierta manera la creencia de que "debería hacer algo con ellos", "controlarlos de alguna forma". En este punto, se tuvo que insistir para que Trini asimilara que la aceptación terapéutica de los eventos que se le proponía no implicaba el estar de acuerdo con su contenido. Para ello, se empleó una estrategia terapéutica basada en metáforas para alcanzar la "separación del *yo contexto* y del *yo contenido*". Dos metáforas que se emplearon en esta fase del tratamiento, junto a otras distintas, fueron las de "la casa y los muebles" y la de "el tablero y las fichas" (Wilson y Luciano, 2002). Según estas metáforas la casa y el tablero equivaldrían al yo como contexto mientras que los muebles y las fichas harían referencia al yo como contenido. Las cualidades que se atribuyan a los muebles o las fichas (buenos, malos, agradables, desagradables, apropiados, inapropiados, morales, inmorales, etc.) no tienen por qué ser generalizadas a la casa o al tablero. Esta toma de distancia entre la persona y su contenido cognitivo o verbal es lo que se conoce como "defusión" o "desliteralización".

Respecto al tema de las compulsiones, dado que éstas eran bastante inocuas en comparación con las que suelen presentarse en otros casos clínicos de TOC, bastante más engorrosas e incluso en muchos casos incapacitantes, se decidió no incidir sobre ellas directamente.

Finalmente, Trini se acabaría comprometiendo con el hecho de aceptar que sus pensamientos de miedo y preocupación seguirían apareciendo, pero eso no sería impedimento para llevar a cabo una vida plena según sus valores, orientada a conseguir metas. A este respecto, Trini estableció como valores o direcciones valiosas en su vida, el ser buena estudiante (con objetivos o metas específicas, a corto-medio plazo, tales como terminar el curso de 1º de psicología), el ser buena hija y el ser una persona dinámica y deportista (con objetivos a corto plazo como el de inscribirse en un gimnasio) y el ser una persona más sociable.

En total se llevaron a cabo ocho sesiones semanales, de las cuales dos fueron de recogida de datos, evaluación y presentación de la terapia y cinco de tratamiento propiamente dicho. Al cabo de tres meses, se contactó telefónicamente con la cliente para llevar a cabo el seguimiento de su evolución terapéutica. Trini informó de que, a pesar de que todavía experimentaba sus pensamientos obsesivos, estos eran menos vívidos, no iban acompañados de una activación fisiológica tan desagradable como la que experimentaba en el pasado y, por lo general, desaparecían rápidamente. Asimismo, había abandonado por completo las compulsiones. A los seis meses se llevó a cabo un último contacto telefónico con Trini y se confirmó su evolución positiva, ya que, según comentó la cliente, sus pensamientos obsesivos apenas aparecían y cuando lo hacían no la alteraban tanto como en épocas anteriores. En relación a sus valores, la cliente había conseguido superar sus estudios de 1º de psicología, se había inscrito en un gimnasio local, mantenía una buena relación con su progenitor y había ampliado en cierto grado su red social.

Conclusiones y discusión del caso

Asumiendo la necesidad de más validación empírica que respalde la eficacia de ACT en el abordaje del TOC, así como las limitaciones del estudio de un caso único, lo cierto es que el desenlace satisfactorio del caso clínico expuesto permite albergar ciertas esperanzas en relación a las posibilidades de esta forma de terapia en el tratamiento de problemas relacionados con el TOC.

Por otro lado, este caso clínico presenta múltiples analogías con el caso de TOC presentado en mi anterior libro *Terapia de Aceptación y Compromiso: Abordaje de cinco casos clínicos*. Así, se vuelve a poner de manifiesto la máxima del Análisis Funcional que hace referencia a que la conducta siempre tiene un sentido o función. Por consiguiente, es elemental que el terapeuta entienda esta función de las conductas del cliente para poder ayudarle. Por supuesto, esta función siempre tiene que ser analizada en relación al contexto del individuo. En las funciones pueden darse procesos de reforzamiento positivo, negativo o mixto y es una condición indispensable por parte del clínico delimitar tales procesos para poder operar sobre ellos. El descubrimiento de que los esfuerzos por controlar ciertos eventos privados generaban paradójicamente que la cliente estuviese en contacto una y otra vez con ellos fue clave en la terapia. Ante esos eventos Trini experimentaba tensión o ansiedad justo antes de que apareciesen, seguido de cierta relajación una vez llevaba a cabo las conductas compulsivas. Esta relajación momentánea tenía una gran importancia a nivel funcional debido a que se constituía como el principal factor de mantenimiento del problema de Trini.

Por todo esto, el que los pacientes de TOC tomen conciencia de los efectos paradójicos y contraproducentes de la evitación experiencial sobre cualquier contenido mental aversivo es un factor clave en la aplicación de la Terapia de Aceptación y Compromiso en este tipo de problemas.

Para finalizar, se considera relevante señalar la importancia de la prevención desde la infancia de los patrones de personalidad neurótica, ya que éstos se encuentran en la base del fenómeno clínico abordado en este caso. Mientras más se fomenten los contextos de fusión, evaluación, evitación y de dar razones, más inseguros serán los individuos y más importancia darán al hecho de tener bajo control sus pensamientos, imágenes mentales, emociones, etc., haciendo juicios constantes sobre la moralidad de los mismos y poniéndose a prueba a ellos mismos ante cualquier situación o estímulo que les resulte perturbador o amenazante para su integridad moral.

Referencias

American Psychiatric Association (2013). *DSM-V. Manual diagnóstico y estadístico de los trastornos mentales.* Editorial Médica Panamericana.

Ferro, R., Valero, L. y López Bermúdez, M.A. (2009). La conceptualización de casos clínicos desde la Psicoterapia Analítica Funcional. *Papeles del Psicólogo.* Vol. 30(3), pp. 255-264

Hayes, S.C., Strosahl, K.D. y Wilson, K.G. (1999). *Accepttance and conmmitment therapy. An experiential approach to behavior change.* NuevaYork: Guilfor Press.

Jiménez, R. (2014) *Terapia de Aceptación y Compromiso: Abordaje de cinco casos clínicos.* Morrisville: Lulu Press.

Kohlenberg, R.J. y Tsai, M. (1991). *Functional analytic psychotherapy. Creating intense and curative therapeutic relationship.* New York: Plenum Press.

Velasco, J.A. y Quiroga, E. (2001). Formulación y solución de un caso de abuso de alcohol en términos de aceptación y compromiso. *Psicothema,* Vol. 13, nº 1, pp. 50-56.

Wilson, K. G. y Luciano, M. C. (2002). *Terapia de Aceptación y Compromiso (ACT). Un tratamiento orientado a los valores*. Madrid: Pirámide.

TRATAMIENTO TERAPÉUTICO DE UN CASO DE TRICOTILOMANIA DESDE LA TERAPIA DE ACEPTACIÓN Y COMPROMISO

Según el *DSM-V* (APA, 2013), la tricotilomanía consiste en un arrancamiento del propio pelo de forma recurrente, que da lugar a una pérdida perceptible de cabello. Aparecería una sensación de tensión creciente inmediatamente antes del arrancamiento de pelo o cuando se intenta resistir la práctica de ese comportamiento y un bienestar, gratificación o liberación cuando se produce el arrancamiento del pelo. La alteración no se explica mejor por la presencia de otro trastorno mental y no se debe a una enfermedad médica (por ejemplo, enfermedad dermatológica).

Son muchas las personas que, cuando se encuentran ansiosas o atravesando momentos de estrés, se comen las uñas, agitan los pies o se frotan nerviosamente las manos. La gente hace esto para liberar tensión. El mecanismo que subyace en la tricotilomanía sería similar a esas conductas (el ingrediente principal sería un alto nivel de ansiedad a la que habría que dar salida), con la diferencia de que, a medio y largo plazo tendrá consecuencias secundarias más negativas para los individuos. Una persona que se frota las manos o agita los pies cuando está nervioso, por más que lo haga, no va a sufrir ningún daño. En el caso de que le dé por comerse las uñas, aunque en algunos casos se puedan producir pequeñas heridas por querer "apurar al máximo", nadie va a acabar comiéndose sus propios dedos para reducir ansiedad. Con la conducta de arrancarse los pelos es diferente porque, si se hace en exceso, pronto aparecerán zonas calvas y las personas tendrán que dejar de hacerlo si no quieren verse afectadas estéticamente. Por lo general, cuando los sujetos aquejados de tricotilomanía intentan controlar o evitar la tensión previa a la conducta de arrancarse el cabello, ésta suele hacerse más intensa aún, por lo que tiene sentido emplear la ACT, terapia que ha mostrado su eficacia terapéutica en el tratamiento de psicopatologías donde los efectos paradójicos de la evitación de eventos privados son clave (Hayes, 2004, Jiménez, 2014).

Descripción del caso clínico

La cliente del caso clínico de tricotilomanía que se expone se trata de Teresa, mujer de 21 años, soltera y estudiante de 2º curso de magisterio. La cliente refería que desde pequeña fue una niña ansiosa, insegura y preocupadiza. Refiere que, tanto su abuela materna como su madre y dos de sus tías padecieron problemas de ansiedad y depresión, requiriendo tratamiento farmacológico, en algún momento de sus vidas. Asimismo, ella estaba siendo tratada con *lexatin 3 mg* desde hacía unos cuatro meses.

Teresa refiere que, desde que era niña tuvo tendencia a comerse las uñas, sin que esto fuera experimentado como un problema por ella o por su familia. Fue hace unos dos años, coincidiendo con el inicio de los estudios universitarios, cuando empezó a arrancarse el cabello de forma compulsiva. Especialmente en épocas de exámenes, que suponían para ella una fuente de estrés considerable, es cuando la conducta de arrancarse el pelo se incrementaba. Recuerda la cliente que al darse cuenta, delante del espejo, de que empezaban a percibirse pequeñas zonas calvas en su cabeza, además de recibir comentarios de varios familiares y conocidos que también se habían percatado, empezó a esforzarse por controlar sus impulsos. Entonces, Teresa empezó a darse a sí misma autoinstrucciones tales como "Tengo que intentar no arrancarme pelos", "Tengo que tener fuerza de voluntad para no pensar más en arrancarme pelos" o "Tengo que controlar mis nervios", sin lograr conseguir su objetivo y viendo como el problema se iba agravando día tras día.

De esta forma, paradójicamente, su intento por evitar o controlar todos los eventos privados asociados a la conducta de arrancarse pelos estaría produciendo el efecto contrario, se iba poniendo cada vez más tensa. En esas circunstancias, Teresa refiere que se "encontraba presa" por la ambivalencia entre controlar esa conducta y rendirse al impulso de seguir arrancándose pelos para descargar esa tensión. Finalmente, Teresa acababa cediendo y volvía a arrancarse de nuevo el cabello, iniciándose otra vez el círculo vicioso en el que se encontraba atrapada. La medicación referida en puntos anteriores, prescrita por el psiquiatra de su centro de salud, no había aportado ninguna mejoría, por lo que, en el momento de iniciar nuestra terapia, Teresa se planteaba abandonar definitivamente sus estudios, al considerarlos una fuente de estrés que empeoraba su problema, y refería haber dejado de hacer actividades sociales (quedar con amigas, ir al cine, etc., visitar a sus abuelos), por miedo a los comentarios y al rechazo de los demás por su aspecto (con zonas completamente en el cuero cabelludo perceptibles a simple vista) o a las "regañinas" de sus familiares con motivo de su conducta (especialmente su madre y sus abuelos).

Análisis Funcional y Topográfico del caso

Dados los datos aportados por Teresa, desde una perspectiva basada en el Análisis Funcional, habría que dejar claro que un diagnóstico psicopatológico de tricotilomanía podría tener una utilidad clínica limitada, ya que no proporciona ninguna clave a nivel funcional que pueda orientarnos a la hora de llevar a cabo nuestra terapia. Para establecer la intervención de forma idónea, es fundamental llevar a cabo el análisis funcional de las conductas problemas con el objetivo de actuar sobre las variables relevantes de este caso en concreto.

La conducta que la cliente Teresa señala como problemática es el impulso incontrolado de arrancarse el cabello, primeramente de forma ocasional cuando se encontraba muy estresada pero posteriormente de forma compulsiva y recurrente, aumentando la frecuencia de la conducta. Desde un punto de vista funcional, podemos considerar que esa conducta va precedida generalmente por las siguientes respuestas:

1) Respuesta cognitiva-verbal previa: "Tengo que intentar no arrancarme pelos", "Tengo que tener fuerza de voluntad para no pensar más en arrancarme pelos" o "Tengo que controlar mis nervios".

2) Respuesta fisiológica previa: Acompañando a la respuesta cognitiva-verbal señalada en el punto anterior, la cliente experimenta una activación fisiológica desagradable (tensión, agitación, ansiedad, etc.) fruto de la anticipación ansiosa de su fracaso a la hora de reprimir la conducta problemática.

Como se puede observar, lo que la cliente cataloga como "un impulso incontrolado por arrancarse el pelo", en realidad implica todo un entramado de sensaciones fisiológicas desagradables, precedidas a su vez por múltiples respuestas cognitivas-verbales. Ante estas circunstancias, la activación fisiológica llega a hacerse tan insufrible que Teresa se ve obligada a seguir arrancándose el cabello para que ésta disminuya. Nuestra cliente experimentaba una gran tensión fisiológica cuando intentaba resistir o reprimir su impulso y todos los esfuerzos por evitar estas sensaciones eran infructuosos y hacían paradójicamente que se fuese sintiendo cada vez peor. Ella sabía perfectamente que si cedía al impulso de arrancarse el pelo, luego acabaría sintiéndose mal y culpable consigo misma, pero el tema es que, realmente, ella ya estaba sintiéndose bastante mal antes de llevar a cabo dicha conducta. En el fondo, la anticipación ansiosa de la posibilidad de no controlar su impulso es lo que, paradójicamente, hacía en parte que no lo controlase, desencadenándose las siguientes respuestas:

1)	Respuesta cognitiva-verbal: Teresa, tras batallar sin éxito por controlar todas las sensaciones desagradables que experimenta cuando se encuentra ante la posibilidad de arrancarse el cabello, tiene el pensamiento "No soporto esta tensión, me rindo".

2)	Respuesta motora: Teresa se arranca un mechón de pelo.

Las contingencias que seguirían a estas respuestas son fácilmente perceptibles, a corto plazo la cliente ha descargado el malestar fisiológico originado por los intentos de evitación/ control de la conducta problema, pero a largo plazo se siguen desencadenando consecuencias negativas (culpabilidad, deterioro de la autoestima de la cliente, abandono de actividades valiosas, etc.). Estas consecuencias negativas la predispondrán y encaminarán a esforzarse aún más en el futuro por controlar sus impulsos con el consiguiente incremento de tensión y ansiedad anticipatoria, convirtiéndose en factores de mantenimiento del problema.

Como se puede apreciar, la conducta de la cliente seguiría un patrón de reforzamiento negativo (consigue eliminar sensaciones fisiológicas desagradables). Aunque para Teresa la conducta problema que pretendía eliminar era el arrancamiento compulsivo de cabello, bajo nuestro punto de vista el problema sobre el que incidir era más bien el círculo vicioso de lucha-rendición en relación a esa propia conducta.

Tratamiento terapéutico del caso clínico basado en la Terapia de Aceptación y Compromiso

Teniendo en cuenta el análisis funcional y topográfico anterior, nuestra intervención terapéutica se dirigió a eliminar la conducta de control/evitación de pensamientos y sensaciones, dado que el propio intento de control/evitación constituía el factor principal de mantenimiento del problema.

Tras un par de sesiones de recogida de información, el primer paso en la aplicación de ACT consistió en desculpabilizar a la cliente, ya que ella, al haber buscado información en *internet* sobre su problema se refería a sí misma como "enferma mental" o decía padecer un *"trastorno de tricotilomanía"*, lo cual suponía una etiqueta con connotaciones negativas. Por ello, se consideró fundamental despatologizar su problema, para lo que, en todas las sesiones, se evitó a toda costa emplear el término *tricotilomania* o *trastorno* y, en su lugar, se empleó el término *problema*, más neutral y mucho menos estigmatizante.

En sesiones posteriores, se procedió a explicar a la cliente las singularidades de la propia terapia, advirtiéndole de la posibilidad de que algunos de sus planteamientos pudieran no cumplir con sus expectativas previas e incluso originarle, de inicio, desconcierto o confusión. Se hizo especial hincapié en que las sesiones no tenían por qué resultarle agradables, ni aliviar sus síntomas, al menos de inicio. En esas sesiones también se llevó a cabo una lista de aspectos valiosos de la vida de la cliente que se habían visto afectados o deteriorados por su problema, además de la discusión o puesta a prueba de la finalidad y utilidad de las estrategias de control/evitación que venía utilizando hasta ahora, para que comprendiese que tales estrategias constituían el factor principal de mantenimiento de su conducta-problema.

Para ayudarle a entender mejor las explicaciones funcionales de su problema, se emplearon varias metáforas, pero una con la que la cliente vivenció bastante bien lo que se planteaba fue una metáfora inspirada parcialmente en las propuestas anteriormente por Hayes, Strosahl y Wilson (1999) y Wilson y Luciano (2002) que se denominó "metáfora de las alarmas" (Jiménez, 2014). Según esta metáfora, la activación fisiológica desagradable que se produce al contactar con el contenido mental temido equivaldría a múltiples alarmas que suenan estridentemente cuando hay algún peligro. Son útiles en cuanto nos avisan de la proximidad de un peligro (en este caso la posibilidad de volver a arrancarse pelos), pero se vuelven insoportables si no se desactivan a tiempo. La cuestión es que están programadas para desactivarse por sí mismas y cualquier intento externo por apagarlas de otra manera, hará que el sonido se vuelva automáticamente más y más estridente. Otra metáfora que fue de utilidad fue la "metáfora de la ola" planteada en su manual por Wilson y Luciano (2002). Según esta metáfora las sensaciones desagradables que experimenta Teresa al intentar reprimir la conducta de arrancarse pelos sería equivalente a una ola que crece y crece sobre el mar, pero que, después de alcanzar un punto máximo, acaba rompiéndose y desapareciendo al llegar a la orilla.

En las siguientes sesiones, la quinta y la sexta, el próximo paso en la intervención terapéutica

NUEVOS CASOS CLÍNICOS ABORDADOS DESDE ACT

consistió en plantearle a Teresa si estaría dispuesta a comprometerse con la decisión de abandonar la conducta de arrancarse pelos ahora que sabía que era imposible evitar o controlar el hecho de "sentir ganas" de arrancarse pelos. Es decir, abandonar la conducta de arrancarse el cabello implicaría forzosamente aceptar y sobrellevar toda la activación fisiológica desagradable que la cliente experimentaba cuando se encontraba ante la posibilidad de arrancarse el cabello. Es en esta fase cuando se expone a la cliente la alternativa terapéutica de aceptar las ganas de arrancarse pelos como una de las muchas experiencias aversivas que puede experimentar en otros contextos cotidianos de su vida. De esta forma, se le ofrecieron ejemplos de otras circunstancias en las que tenía que aceptar experiencias desagradables (aunque no fueran tan intensas) tales como esperar en clase, aunque se encontrase fatigada, hasta que llegase la hora de salir, esperar y soportar la sensación de hambre hasta que salía de las clases y podía marcharse a casa para almorzar, esperar la cola en el supermercado, etc. Resulta sorprendente como el ser plenamente consciente de que era imposible suprimir o controlar sus eventos privados aversivos (ansiedad, culpa, tensión, etc.) finalmente permitió a la cliente ser capaz de reprimir o controlar su conducta problemática.

Finalmente, ya en las últimas sesiones, Teresa se comprometió firmemente con la decisión de aceptar que las activaciones fisiológicas desagradables seguirían apareciendo, pero eso no sería impedimento para llevar a cabo una vida plena según sus valores. A este respecto, la cliente manifestó las siguientes direcciones valiosas para su vida:

-Ser una persona trabajadora

-Ser una buena maestra

-Ser una persona sociable y amable

-Ser una persona deportista y activa

Se dio por finalizado el tratamiento después de ocho sesiones y se volvió a citar a Teresa para mantener una entrevista de seguimiento a los dos meses. Al cabo de esos dos meses, la cliente acudió a la cita de seguimiento y manifestó que se mantenía sin arrancarse el cabello desde que terminó su terapia. Su vida, según relató ella misma, no solo había vuelto a la normalidad, sino que había mejorado en comparación a la que llevaba a cabo antes de padecer tricotilomania. Teresa había abandonado el tratamiento farmacológico e informó de que la intensidad de las "ganas de arrancarse el cabello" fueron disminuyendo progresivamente, hasta llegar a desaparecer por completo. Si bien el objetivo inicial de la terapia no era que desaparecieran las "ganas de arrancarse el cabello", si no que estos eventos aversivos privados no desembocaran en la conducta de arrancarse el cabello y que no fueran impedimento para llevar a cabo una vida valiosa en concordancia con sus valores personales, es un resultado añadido evidentemente positivo y deseable. En relación a los valores, Teresa había retomado su vida social, saliendo y llevando a cabo actividades de ocio con sus amistades, hacía deporte al aire libre y seguía implicada e ilusionada con sus clases de magisterio.

Conclusiones del caso

Son muchas las personas que cuando se encuentran ansiosas, en momentos de estrés, se comen las uñas, agitan los pies o se frotan nerviosamente las manos. La gente hace esto para liberar tensión. El mecanismo que subyace en la tricotilomanía sería similar a esas conductas, el ingrediente principal sería un alto nivel de ansiedad a la que habría que dar salida, con la diferencia de que, a la larga, suele tener consecuencias secundarias más negativas. Alguien que se frota las manos o agita los pies cuando está nervioso, por más que lo haga, no va a sufrir ningún daño. En el caso de que le dé por comerse las uñas, aunque en algunos casos se puedan producir pequeñas heridas por querer "apurar al máximo", nadie va a acabar comiéndose sus propios dedos para reducir ansiedad. Con la conducta de arrancarse el cabello es diferente porque, si se hace en exceso, pronto aparecerán zonas calvas y las personas tendrán que dejar de hacerlo si no quieren verse afectadas estéticamente.

La primera vez que alguien se arranca un pelo para reducir la ansiedad, probablemente lo hiciese de manera fortuita. Tal vez estuviese rascándose la cabeza o acariciándose el pelo cuando le dio por arrancarse uno. La acción de arrancarse un pelo es entretenida (uno selecciona un pelo, lo separa del resto y tira con fuerza suficiente para sacarlo), por lo que se necesita que se focalice bastante la atención en esa acción, de manera que cuando uno está centrado en eso, momentáneamente deja de ser consciente de su propia ansiedad. El verdadero problema surgiría cuando esa acción se convierte en hábito y ese hábito trae consigo consecuencias negativas. Llegaría la hora de parar o reprimir tal conducta y sería aquí cuando entrarían en juego todas las variables que se han visto sobre evitación experiencial de eventos privados y sus efectos paradójicos. Como se ha puesto de manifiesto en el caso clínico analizado, ACT podría ser una herramienta idónea de cara a romper esos círculos viciosos paradójicos de ansiedad-intentos de control-aumento de ansiedad-descarga.

Referencias

American Psychiatric Association (2013). *DSM-V Manual diagnóstico y estadístico de los trastornos mentales.* Editorial Médica Panamericana.

Hayes, S.C., Strosahl, K.D. y Wilson, K.G. (1999). *Accepttance and conmmitment therapy. An experiential approach to behavior change.* NuevaYork: Guilfor Press.

Hayes, S.C. (2004). Acceptance and commitment therapy, relational frame theory, and the third wave of behavioral and cognitive therapies. *Behavior Therapy*, 35, 639-665.

Jiménez, R. (2014) *Terapia de Aceptación y Compromiso: Abordaje de cinco casos clínicos*. Morrisville: Lulu Press.

Wilson, K. G. y Luciano, M. C. (2002). *Terapia de Aceptación y Compromiso (ACT). Un tratamiento orientado a los valores*. Madrid: Pirámide.

TRATAMIENTO TERAPÉUTICO DE UN CASO DE TRASTORNO DE PÁNICO DESDE LA TERAPIA DE ACEPTACIÓN Y COMPROMISO

Según el *DSM-V* (APA, 2013), el trastorno de pánico, también conocido como trastorno de angustia, se caracteriza por la presencia de crisis de angustia inesperadas recidivantes con la presencia de inquietud persistente ante la posibilidad de tener más crisis, preocupación por las implicaciones de la crisis o sus consecuencias (por ejemplo, perder el control, sufrir un infarto de miocardio o "volverse loco") y cambio significativo del comportamiento relacionado con las crisis. Asimismo, el trastorno de angustia puede diagnosticarse con agorafobia (ansiedad asociada a determinados lugares tales como espacios abiertos, espacios públicos, etc.) o sin ella.

La mayoría de los pacientes afectados por el trastorno de pánico suelen informar que sus intentos o esfuerzos por controlar o evitar las sensaciones o pensamientos desagradables asociados a los episodios de crisis no solo suelen ser infructuosos, sino que además los hacen sentir peor, motivo por el que puede ser útil el abordaje de esos casos con ACT, terapia que ha mostrado su eficacia terapéutica en el abordaje de los trastornos donde la evitación de eventos privados tiene una papel funcional determinante (Hayes, 2004; Jiménez, 2014).

Descripción del caso clínico

La cliente del caso clínico expuesto se trata de Pilar, mujer de 20 años de edad, estudiante de arte dramático, que solicitó ayuda angustiada por repentinos ataques de pánico padecidos en los dos últimos años.

NUEVOS CASOS CLÍNICOS ABORDADOS DESDE
ACT

Analizando la información aportada por Pilar, se detectan como factores predisponentes para el trastorno de angustia la presencia unos padres sobreprotectores que constantemente la estaban advirtiendo sobre los peligros del mundo, prohibiéndole incluso, hasta que no alcanzó los 14 o 15 años de edad ir a jugar solos a la calle con los vecinos del barrio o el participar en determinados deportes o juegos por miedo a que se hiciera daño. Además, la progenitora sufría de mareos, vértigos y problemas de tensión de manera que Pilar recuerda, con bastante nitidez, conversaciones de su madre con varias tías maternas acerca de sus achaques de salud y del miedo a sufrir algún infarto, ictus o complicaciones médicas similares. Este entorno pudo propiciar que Pilar creciera siendo una niña miedosa e insegura, potenciándose el contexto de evaluación/valoración y fomentando que se preocupase mucho por sus sensaciones corporales, prestando mucha atención a su propio cuerpo y a querer tenerlo todo bajo control.

NUEVOS CASOS CLÍNICOS ABORDADOS DESDE
ACT

Con esos antecedentes, en épocas de estrés, Pilar, cuando observaba alguna pequeña variación a nivel de sus patrones fisiológicos (un pequeño mareo, cansancio, aceleración del pulso, sudoración, tos, etc.), empezaba a focalizar su atención sobre esas sensaciones y empezaba a ser más consciente aún de ellas, sintiéndose entonces muy ansiosa. Cuanto más atención le prestaba a sus sensaciones fisiológicas, más intensamente las percibiría y mayor era la angustia que experimentaba, pensando cosas como: "Me voy a desmayar", "Me voy a quedar sin aire" o "Voy a sufrir un infarto". Estos pensamientos, a su vez, hacían que la ansiedad siguiese aumentando como si fuese una bola de nieve que crece a medida que avanza, sumiendo a Pilar en un círculo vicioso sin escapatoria.

Como consecuencia de esos episodios, Pilar empezó a evitar algunas situaciones como ir al cine, a discotecas con sus amigas o a conciertos por miedo a sufrir algún ataque allí, además de experimentar dificultades para subirse al escenario

durante sus clases de arte dramático, por miedo a
sufrir allí algún ataque, o para concentrarse y
estudiar, ya que, al estar en silencio y concentrada
aumentaba la posibilidad de focalizar la atención
en sus sensaciones corporales (respiración, pulso,
etc.).

Análisis Funcional y Topográfico del caso

A la hora de llevar a cabo nuestra intervención
clínica, para estructurar la terapia de forma
idónea, es básico efectuar el análisis funcional de
la conducta problema con el objetivo de actuar
sobre las variables relevantes del caso clínico
específico.

Lo que la cliente señala como problemático,
motivo por el que solicita el tratamiento, es la
presencia de recurrentes ataques de ansiedad y
pánico vivenciados de forma muy aversiva por
ella. El antecedente de estas respuestas sería la
percepción de Pilar de cualquier tipo de activación

fisiológica tales como una aceleración del pulso cardíaco, alguna dificultad para respirar, etc. y la consiguiente focalización de la atención en dichas sensaciones. Desde el punto de vista funcional, esa percepción de sensaciones propias darían paso a las siguientes respuestas:

1) Respuesta cognitiva-verbal previa: "Me voy a desmayar", "Me voy a quedar sin aire" o "Voy a sufrir un infarto".

2) Respuesta fisiológica previa: Acompañando a la respuesta cognitiva-verbal señalada en el punto anterior, la cliente experimenta una activación fisiológica desagradable (tensión, agitación, ansiedad, etc.).

Tras estas respuestas, Pilar entraría en una fase de evitación experiencial contraproducente encaminada a controlar o evitar sus eventos internos aversivos, que se manifestaría a través de las siguientes respuestas:

NUEVOS CASOS CLÍNICOS ABORDADOS DESDE ACT

1) Respuesta cognitiva-verbal: "Tengo que controlar esta ansiedad, tengo que calmarme".

2) Respuesta fisiológica: Aumento de la activación fisiológica desagradable.

Como se puede observar, cuanta más atención prestaba Pilar a sus sensaciones fisiológicas, más intensamente las percibía y mayor era la angustia que experimentaba, lo que unido a sus pensamientos evitativos o de control hacía que la ansiedad siguiese aumentando como si fuese una bola de nieve que crece a medida que avanza, sumiendo a la cliente en un círculo vicioso sin escapatoria.

Tratamiento terapéutico del caso clínico basado en la Terapia de Aceptación y Compromiso

Con base en el análisis funcional y topográfico expuesto, la intervención clínica se encaminó a que la cliente se replanteara la funcionalidad de su conducta de control/evitación de eventos privados, dado que el propio intento de control/evitación constituía el factor principal de mantenimiento de su problema.

En la primera sesión, además de recoger todos los datos relevantes de la historia personal de Pilar, antes de proceder a la aplicación de ACT, se presentó a la cliente las singularidades de esta forma de terapia, haciendo hincapié en la posibilidad de que algunos de sus planteamientos y de las orientaciones que iba a recibir pudieran originarle, inicialmente, desconcierto o confusión y no cumplir con sus expectativas previas. Ya en esa primera sesión, se pidió a la cliente que llevara a cabo una lista de aspectos valiosos de su vida que se habían visto afectados o deteriorados por su problema. Pilar manifestó, como ya se ha mencionado en apartados anteriores, que a raíz de sus ataques había empezado a evitar algunas situaciones tales como ir al cine, a discotecas con sus amigas o a conciertos por miedo a sufrir algún ataque allí, además de experimentar dificultades para concentrarse o estudiar.

La segunda sesión se destinó a discutir o poner a prueba junto a la cliente la finalidad y eficacia de las estrategias de control/evitación que venía utilizando hasta ahora, para que entendiese claramente cómo tales estrategias constituían el factor principal de mantenimiento de su conducta-problema. Para facilitar este proceso, tanto en esa segunda sesión como posteriormente en otras sesiones, se emplearon bastantes metáforas, entre ellas la ampliamente conocida "metáfora del hoyo" (Wilson y Luciano, 2002). A modo de resumen, en dicha metáfora se expone la situación de un hombre que intenta salir del hoyo en el que se encuentra atrapado cavando con una pala. El resultado es que el hoyo cada vez se va haciendo más hondo y el hombre se hunde más y más.

Pilar entendió sin demasiados problemas lo planteado anteriormente, proceso conocido como desesperanza creativa, sin embargo, en la tercera sesión manifestaba el miedo a que sus ataques pudieran algún día desembocar en un fallo cardíaco o algo por el estilo. Fue de utilidad en este punto la "metáfora de la ola" (Wilson y Luciano, 2002), según la cual las sensaciones aversivas van aumentando de intensidad de la misma manera que una ola va aumentando de tamaño, pero que al final, al igual que la ola estalla y se rompe al llegar a la orilla, las sensaciones desagradables, una vez lleguen a un punto máximo, acabaran disminuyendo.

Hay que señalar que en las últimas sesiones se complementó la intervención con ACT con varias sesiones de trabajo en exposición interoceptiva para pánico manipulando la respiración, procedimiento que, dado que es una técnica clásica de modificación de conducta, ampliamente conocida y empleada, no vamos a describir aquí.

Finalmente, ya en las últimas sesiones, Pilar se comprometió firmemente con la decisión de aceptar que las activaciones fisiológicas desagradables seguirían apareciendo, pero eso no sería impedimento para llevar a cabo una vida plena según sus valores. A este respecto, la cliente manifestó las siguientes direcciones valiosas para su vida:

-Ser una buena actriz
-Ser una persona luchadora
-Ser una persona sociable y amable
-Ser una persona deportista y activa

Se dio por finalizado el tratamiento después de nueve sesiones (dos de las cuales no tuvieron ningún componente de ACT y se dedicaron exclusivamente a trabajo en exposición interoceptiva) y se volvió a citar a Pilar para mantener una entrevista de seguimiento a los dos meses y medio. Al cabo de esos dos meses y medio, la cliente acudió a la cita de seguimiento y manifestó que se mantenía sin padecer ningún ataque de pánico.

NUEVOS CASOS CLÍNICOS ABORDADOS DESDE ACT

En relación a los valores, Pilar había retomado su vida social, saliendo y llevando a cabo actividades de ocio con sus amistades, hacía deporte al aire libre y llevaba a cabo sin problemas sus clases de arte dramático.

Conclusiones del caso

Al igual que sucedería en otros trastornos en los que el componente de ansiedad tiene un papel relevante, tales como la ansiedad generalizada o el TOC, en el trastorno de pánico también suele ser un factor predisponente importante la presencia de padres sobreprotectores. De esta manera, si se advierte continuamente a los niños sobre los peligros del mundo, se les prohíbe ir a jugar solos a la calle o se les prohíbe participar en determinados deportes por miedo a que se hagan daño, es muy probable que crezcan miedosos e inseguros. Estos elementos presentes en la historia personal podrían potenciar el contexto de evaluación/valoración y propiciar que los individuos se preocupasen mucho por sus sensaciones corporales, prestando mucha atención a su propio cuerpo y queriendo tenerlo bajo control. Así, cuando una persona insegura observa alguna pequeña variación a nivel de sus patrones fisiológicos (un pequeño mareo, cansancio, aceleración del pulso, sudoración, tos, etc.) podría focalizar su atención sobre esas sensaciones y empezar a ser más consciente aún de ellas, sintiéndose entonces ansioso. Se daría la paradoja de que a medida que la persona intentase controlar su ansiedad, más aumentaría esta, sumiendo a la persona en un círculo vicioso sin escapatoria. Como pone de manifiesto el desenlace de éste caso clínico, ACT, en combinación con la exposición, podría ser una herramienta idónea de cara a romper esos círculos viciosos.

Para concluir, se considera importante señalar la relevancia de la prevención desde la infancia de los patrones de personalidad neurótica, ya que éstos se encuentran en la base del fenómeno clínico abordado en este caso. Mientras más se fomenten los contextos de fusión, evaluación, evitación y de dar razones, más inseguros serán los individuos y más importancia darán al hecho de tener bajo control sus pensamientos o sensaciones fisiológicas del tipo que sean, cayendo en las redes de la evitación experiencial con todas las consecuencias negativas que se han señalado.

Referencias

American Psychiatric Association (2013). *DSM-V Manual diagnóstico y estadístico de los trastornos mentales.* Editorial Médica Panamericana.

Jiménez, R. (2014). *Terapia de Aceptación y Compromiso: Abordaje de cinco casos clínicos.* Raleigh: Lulu Press.

Hayes, S.C. (2004). Acceptance and commitment therapy, relational frame theory, and the third wave of behavioral and cognitive therapies. *Behavior Therapy, 35*, 639-665.

Wilson K. y Luciano M.C. (2002). *Terapia de aceptación y compromiso (ACT). Un tratamiento conductual orientado a los valores*. Madrid: Pirámide.

TRATAMIENTO TERAPÉUTICO DE UN CASO DE T. EXPLOSIVO-INTERMITENTE DESDE LA TERAPIA DE ACEPTACIÓN Y COMPROMISO

El trastorno explosivo-intermitente se caracteriza, según el *DSM-V* (APA, 2013), por la presencia de episodios más o menos aislados u ocasionales de dificultad para controlar los impulsos agresivos, que dan lugar a conductas violentas hacia otras personas, uno mismo o a destrucción de la propiedad. El nivel de agresividad durante los episodios es desproporcionado con respecto a la intensidad de cualquier estresante psicosocial precipitante. Además, estos episodios agresivos no se explican mejor por la presencia de otro trastorno mental y no son debidos a los efectos fisiológicos directos de una sustancia o a una enfermedad médica.

Según estos criterios diagnósticos, el paciente aquejado de este trastorno sería, en principio, una persona normal que, de buenas a primeras, estalla a golpes con algún compañero de trabajo, su pareja o sus familiares, tras recibir alguna crítica o reproche por parte de éstos. Hay que diferenciar este trastorno del trastorno de personalidad antisocial, ya que, a diferencia de éste, el paciente afectado por el trastorno explosivo intermitente puede ser una persona sociable, con estrictas normas morales y una conducta de lo más adecuada, pero que en determinadas situaciones "pierde los nervios", sintiendo después culpa y remordimientos por su acción. El antisocial, en cambio, suele hacer daño de una manera fría e intencionada, siguiendo únicamente sus intereses y no se preocupa por los daños que pueda ocasionar a los demás o si siente remordimientos, éstos son mínimos.

Descripción del caso clínico

El cliente del caso clínico presentado se trata de Ernesto, un hombre, de 36 años de edad, abogado de profesión, que acude a consulta acompañado de su esposa y que demanda ayuda debido a episodios de ira incontrolada protagonizados a lo largo del último año. Estos episodios violentos han consistido principalmente en autoagresiones (el sujeto se abofeteaba a sí mismo) o daños al mobiliario de la casa (puñetazos y patadas a puertas y muebles, arrojar menaje de la cocina al suelo, etc.) desencadenados por pequeños contratiempos o situaciones estresantes, en principio, propias del funcionamiento cotidiano de cualquier persona.

De la narración de la historia personal de Ernesto se puede extraer que fue un niño al que, unos padres poco afectuosos y autoritarios, reprendían cualquier expresión emocional y repetían constantemente lo importante que era mostrarse educado y correcto ante los demás. Ernesto crecería siendo un adulto tímido y reprimido, que daba mucha importancia a las valoraciones de los demás. Asimismo, manifestaba dificultades para expresar su disconformidad y, según sus propias palabras, con frecuencia se dejaba "pisotear" por los demás. De adulto, estas dificultades persistieron, ocasionándole estrés y acumulación de tensión. El estrés se hizo mayor durante el último año coincidiendo con problemas laborales, el fallecimiento de su madre, a la que se encontraba muy unido, y el nacimiento de su primer hijo. Ernesto refiere que su primer ataque de ira fruto del estrés se produjo tras una noche sin dormir por los llantos del bebé y la tensión que le generaba un caso complicado que tendría que defender al día siguiente. En aquella ocasión, acabaría abollando la puerta de la cocina de un puñetazo. Tras esta reacción agresiva, Ernesto refiere que se sintió muy culpable y que se prometió a sí mismo, y también a su esposa, que no volvería a mostrar tales reacciones.

De esta forma, en situaciones posteriores en las que Ernesto volvía a sentirse estresado, al percibir su propio aumento de tensión y enfado, se esforzaba por reprimirlo y controlarlo, diciéndose a sí mismo cosas como: "No quiero sentir esta tensión, no quiero volver a descontrolarme" o "tengo que controlar este enfado". Sin embargo, estas autoinstrucciones, lejos de tranquilizarlo, hacían que la tensión fuese aumentando hasta que finalmente acababa rindiéndose y "explotaba" nuevamente de forma agresiva.

Análisis Funcional y Topográfico del caso

En base a toda la información aportada por el cliente, parece obvio que se está ante un caso que, desde el punto de vista clínico, podría ser categorizado como trastorno explosivo-intermitente. Ahora bien, lo que interesa a nivel terapéutico no es tanto este diagnóstico psicopatológico como las claves funcionales relevantes en el caso en particular para poder operar sobre ellas.

Así, como factores predisponentes para la aparición de su problema habría que señalar variables como el estilo educativo poco afectuoso y autoritario de sus padres, fomentadores de la represión emocional y generadores de un contexto que dificultaba la expresión de disconformidad o incomodidad. Asimismo, como factores precipitantes para la aparición del problema de control de la ira habría que hacer referencia a situaciones estresantes como los problemas laborales o las implicaciones de la reciente paternidad. Una vez se produjo el primer estallido de ira descontrolada, se habría conformado un contexto en el que el cliente, al sentirse culpable por su reacción, trataría en el futuro de controlarse con todo su esfuerzo, entrando entonces en un patrón de evitación experiencial de sensaciones catalogadas como aversivas tales como la ansiedad, la ira o el enfado. Este patrón de evitación, lejos de ser efectivo, paradójicamente hacía que la tensión fuese aumentando, ya que los esfuerzos mentales por controlar estas sensaciones hacían que se acrecentara dicha tensión, hasta que finalmente acababa rindiéndose y "explotaba" nuevamente de forma agresiva, descargando la tensión acumulada. El análisis funcional y topográfico de uno de estos episodios de ira descontrolada ejemplo podría ser el siguiente:

1) Respuesta cognitiva-verbal previa: "No quiero sentir esta tensión, no quiero volver a descontrolarme" o "tengo que controlar este enfado".

2) Respuesta fisiológica previa: Acompañando a la respuesta cognitiva-verbal señalada en el punto anterior, el cliente experimenta un aumento de la activación fisiológica desagradable (tensión, agitación, ansiedad, etc.).

La activación fisiológica llega a hacerse tan insoportable que Ernesto acabaría "explotando", no tanto por el enfado inicial sino para descargar toda la tensión acumulada por los esfuerzos evitativos. El cliente experimentaba una gran tensión fisiológica cuando intentaba controlar sus impulsos de ira y todos los esfuerzos por evitar estas sensaciones eran infructuosos y hacían paradójicamente que se fuese sintiendo cada vez peor. En cierta manera, la anticipación ansiosa de la posibilidad de no controlar sus impulsos es lo que, paradójicamente, hacía que no los controlase.

A nivel topográfico las respuestas que emite Ernesto cuando acaba cediendo a sus impulsos agresivos son las siguientes:

1) Respuesta cognitiva-verbal: "No soporto esta tensión, me rindo".

2) Respuesta motora: Ernesto acaba autoagrediéndose o rompiendo objetos del hogar.

Como se puede observar, la conducta del cliente seguiría un patrón de reforzamiento negativo (el cliente consigue eliminar sensaciones fisiológicas desagradables). Las contingencias que siguen a sus respuestas son claras, a corto plazo el cliente ha descargado el malestar fisiológico originado por los intentos de evitación/control de la conducta problema, pero a largo plazo se siguen desencadenando consecuencias negativas (deterioro de la autoestima del cliente, problemas de pareja, riesgo de provocarse una lesión, daños en la vivienda, etc.). Estas consecuencias negativas lo predispondrán a esforzarse aún más por controlar sus impulsos la próxima vez que se encuentre ante la posibilidad de estresarse y tener un nuevo ataque de ira, convirtiéndose en factores de mantenimiento del problema.

Tratamiento terapéutico del caso clínico basado en la Terapia de Aceptación y Compromiso

Teniendo en cuenta el análisis funcional y topográfico presentado anteriormente, la intervención terapéutica se dirigió a eliminar la conducta de control/evitación de eventos privados, dado que el propio intento de control/evitación constituía el factor principal del problema (Hayes, Strosahl y Wilson, 1999; Wilson y Luciano, 2002).

Como ocurrió en los casos clínicos expuestos anteriormente en el libro, el primer paso en la aplicación de ACT en este caso clínico consistió en exponer a Ernesto las características y singularidades de esta forma de terapia contextual, advirtiéndole de la posibilidad de que algunos de sus planteamientos pudieran originarle, en algunos momentos del proceso terapéutico, inseguridad o confusión. Posteriormente, se llevó a cabo una lista de aspectos valiosos de la vida del cliente que se habían visto afectados o deteriorados por su problema. En este sentido, Ernesto manifestó que los aspectos valiosos para él que se encontraban afectados por su problema eran principalmente la relación con su esposa y su hijo.

Ya en la segunda sesión, se hizo hincapié con el cliente en la discusión o puesta a prueba de la finalidad y utilidad de las estrategias de control/evitación que venía utilizando hasta ahora, para que entendiese claramente que tales estrategias podían estar constituyéndose como un factor de mantenimiento de su conducta-problema, lo que se conoce como "desesperanza creativa" (Wilson y Luciano, 2002). Además, se le presentó a Ernesto el análisis funcional que se elaboró de su conducta para seguir profundizando en cómo los intentos de control/evitación constituían una parte importante del problema. Varias metáforas fueron empleadas con el mismo fin, tales como la metáfora de "la tela de araña" y la metáfora "del monstruo". Sintetizando, por cuestiones de espacio, en la primera metáfora se presenta la situación de una mosca que intenta salir de la tela de araña en la que se encuentra atrapada, agitando enérgicamente sus alas y patas. El resultado es que la mosca se va enredando más y más en la tela a medida que aumentan sus esfuerzos por escapar. En la segunda metáfora, se le explica al cliente que las sensaciones desagradables que experimenta equivalen a un monstruo que crece y se pone más furioso mientras más atención se le presta. En cambio, si se acepta al monstruo tal cual es, éste permanece pequeño e inofensivo.

En las siguientes sesiones, se le propone al cliente como solución terapéutica, para contrarrestar estos efectos paradójicos y perjudiciales de los intentos de control/evitación, la aceptación incondicional de cualquier evento privado, a pesar de que sean evaluados como desagradables o aversivos. Sin demasiados problemas, el cliente comprendía que los intentos de represión de los pensamientos y sensaciones corporales que temía hacían que aumentase su activación fisiológica, pero continuaba presentando cierta resistencia a permanecer pasivo ante ellos, pues estaba convencido de que era "su obligación" controlarlos. En este punto, se emplearon estrategias terapéuticas para conseguir la "separación del *yo contexto* y del *yo contenido*" a fin de alcanzar el proceso de "*defusión*". Una metáfora que se empleó en esta fase del tratamiento fue la de "el museo y las obras de arte", según la cual el museo equivaldría al yo como contexto mientras que las distintas obras de arte que alberga harían referencia al yo como contenido. Las cualidades que se atribuyan a las distintas obras (buenas, malas, agradables, desagradables, apropiadas, inapropiadas, morales, inmorales, etc.) no tienen por qué ser generalizadas al museo en sí mismo.

Como complemento a ACT se llevó a cabo también un entrenamiento en técnicas de comunicación asertiva con el cliente, dado que su dificultad para expresar asertivamente disconformidad en algunos ámbitos, especialmente en el laboral cuando se relacionaba con jefes o compañeros, propiciaban un aumento de su mal humor e irascibilidad, "descargándola" posteriormente en casa. Además del referido entrenamiento, empleando *rol-playing*, se usaron algunas estrategias propias de la Psicoterapia Analítico-Funcional o FAP para mejorar la asertividad de Ernesto. Esta modalidad de psicoterapia, al igual que ACT, está enmarcada en los principios del conductismo radical y en el contextualismo funcional, poniendo el énfasis en las contingencias que ocurren durante la sesión terapéutica, es decir, en el propio contexto terapéutico, basándose en la equivalencia funcional entre ambos ambientes, el natural y el clínico (Kohlenberg y Tsai, 1991). Resumiendo en exceso por cuestiones de espacio, FAP busca reforzar en sesión las conductas deseables que, de forma espontánea, pudiera manifestar el cliente, en nuestro caso, las verbalizaciones asertivas. De esta manera, mediante refuerzo verbal, sonrisas y miradas de aprobación, cada vez que el cliente, espontáneamente se mostraba asertivo, por ejemplo opinando abiertamente sobre algunas de las técnicas empleadas en terapia, el terapeuta lo reforzaba.

La evolución de Ernesto fue bastante positiva desde el principio, si bien acudió a la quinta sesión algo desanimado y contrariado ya que, después de varias semanas seguidas sin protagonizar sus ataques de ira, justo el día anterior había "estallado" lanzando un vaso contra el suelo, tras una pequeña discusión con su mujer. En este punto, se empleó la metáfora de "caerse del caballo" (Wilson y Luciano, 2002), exponiéndole al cliente que para ser un buen jinete que cabalga en dirección a sus valores personales, debe de aceptar la posibilidad de tener una caída. Dicha caída no puede ser impedimento para continuar trabajando en dirección a lo valioso, simplemente implica volver a subirse al caballo y continuar cabalgando.

Finalmente, Ernesto se comprometió con el hecho de aceptar que el estrés y el enfado seguirían irremediablemente apareciendo a lo largo de su vida y que no podía controlar de ningún modo las sensaciones fisiológicas y los pensamientos desagradables asociados a ellos, lo único que podía controlar eran las respuestas motoras de escape (golpearse a sí mismo o los objetos de la casa, gritar o insultar a sus familiares, etc.). No podría controlar "lo que sentía", pero tenía la posibilidad de controlar "lo que hacía". El enfado, el estrés y la frustración seguirían apareciendo con relativa frecuencia en su vida, pero éstos no tenían por qué ser un impedimento para llevar a cabo una vida plena según sus valores, orientada a conseguir metas y objetivos. A este respecto, Ernesto estableció como valores personales relevantes los siguientes:

-Ser un buen padre
-Ser un buen esposo
-Ser un buen trabajador

En total se llevarían a cabo 10 sesiones semanales, de las cuales dos fueron más bien de recogida de información, presentación de la terapia y evaluación del caso y ocho de tratamiento propiamente dicho. Al cabo de tres meses, se contactaría telefónicamente con el cliente para llevar a cabo el seguimiento de su evolución terapéutica. Ernesto informó que, a pesar de que todavía experimentaba, casi con la misma intensidad que antes de pasar por terapia, ira y enfado recurrente, no había vuelto a protagonizar episodios de autoagresiones ni daños importantes en el mobiliario del hogar (con la excepción de una ocasión en la que partió contra la encimera de la cocina una espátula de cocina tras percatarse de que se quemó la cena que él estaba preparando). En líneas generales, aunque su ira todavía era intensa, recobraba la compostura más pronto que antes de pasar por terapia, no había vuelto a insultar ni a gritar a sus hijos ni esposa, haciendo actividades de ocio con ellos con relativa frecuencia y estando de mejor humor con ellos (encaminándose por tanto a sus valores personales de ser un buen padre y un buen esposo). Igualmente, la relación con sus compañeros de trabajo y su jefe había mejorado, siendo capaz de responder con asertividad a situaciones en las que anteriormente habría adoptado un rol más pasivo.

A los seis meses se llevó a cabo un último contacto telefónico con Ernesto y se confirmó su evolución positiva, ya que, según comentó el cliente, experimentaba ira y frustración con menos frecuencia que antes de pasar por la terapia y, lo que es más importante, estas emociones no lo alteraban demasiado y no habían vuelto a desembocar, al menos hasta ahora, en conductas agresivas.

Conclusiones del caso

La mayoría de las personas "han explotado" alguna vez, con mayor o nivel de intensidad, ante situaciones de estrés agudo en las que hayan podido verse sobrepasadas, y han podido experimentar reacciones diversas de cierta agresividad. En el caso de las personas diagnosticadas de trastorno explosivo-intermitente, dichas reacciones serían más exageradas o tal vez más frecuentes, pero éstas no tendría que ser motivo quizás para pensar en una forma de "trastorno mental" con diferencias cualitativas en relación a las reacciones agresivas "normales", cuando las diferencias son más bien cuantitativas. El enfoque médico que se adoptó a la hora de abordar este tipo de problemática, medicando con mucha frecuencia a personas con reacciones de ira o agresividad dando por hecho que la causa podría ser exclusivamente "cerebral" (principalmente en los años 90, pero aún todavía en la actualidad), y dejando de lado variables contextuales en su abordaje es a nuestro juicio claramente deficiente. Para conocer con exactitud los motivos por los que una persona, en apariencia educada y sociable, que no tiene una falta de empatía o perfil antisocial manifiesto, reacciona con explosiones de ira más o menos recurrentes, habría que analizar su historia vital y de aprendizajes previos, no centrándonos únicamente en desencadenantes de la situación presente o actual, sino prestando atención a nivel funcional de las consecuencias de frustraciones, injusticias y situaciones estresantes que la persona habría ido arrastrando a lo largo de su vida. Por otra parte, la mayoría de las personas protestan y se quejan cuando las cosas no les salen bien o alguien se porta de manera injusta con ellos, pero podría ser en el caso de muchos pacientes diagnosticados de trastorno explosivo-intermitente, debido quizás a una infancia donde se les ha reprimido o sobreprotegido excesivamente, no serían capaces de expresar asertivamente su disconformidad y solo protestarían a modo de "explosión" cuando la tensión se habría hecho ya insoportable. Su reacción agresiva sería excesiva porque la tensión que habrían ido aguantando, a lo largo de su historia personal, también sería excesiva, sin olvidar que, además, la evitación experiencial aumentaría paradójicamente aún más esta tensión y malestar por los fenómenos que se describieron en la exposición del caso.

Referencias Bibliográficas

American Psychiatric Association (2013). *DSM-V Manual diagnóstico y estadístico de los trastornos mentales.* Editorial Médica Panamericana.

Hayes, S.C., Strosahl, K.D. y Wilson, K.G. (1999). *Accepttance and conmmitment therapy. An experiential approach to behavior change.* NuevaYork: Guilfor Press.

Kohlenberg, R.J. y Tsai, M. (1991). *Functional analytic psychotherapy: Creating intense and curative therapeutic relationships.* New York: Plenum.

Wilson K. y Luciano M.C. (2002). *Terapia de aceptación y compromiso (ACT). Un tratamiento conductual orientado a los valores.* Madrid: Pirámide.

CONCLUSIONES GENERALES

Estudios de caso único, como los que se exponen en este libro, pueden ser insuficientes para llevar a cabo generalizaciones de resultados. Aún así, asumiendo estas limitaciones y señalando la necesidad de más validación empírica que respalde la eficacia de la Terapia de Aceptación y Compromiso en el tratamiento de los diversos problemas psicológicos analizados a lo largo de este libro, los resultados obtenidos en cada caso particular nos permiten albergar cierto optimismo sobre las posibilidades de esta forma de terapia.

ACT debe ser tenida muy en cuenta a la hora de abordar problemas psicológicos donde la evitación experiencial de eventos privados (pensamientos, emociones, sensaciones corporales, etc.) constituye un elemento determinante como factor precipitante y de mantenimiento de dichos problemas. Como se ha podido comprobar a lo largo de los casos clínicos analizados en este libro, problemas psicológicos de sintomatología muy diversa y que, aparentemente, poco tienen que ver entre sí, comparten una misma explicación a nivel funcional, compartiendo como factor clave la evitación experiencial de distintos eventos privados.

Las técnicas empleadas en ACT permiten a los individuos tomar conciencia de forma clara de los fenómenos paradójicos y contraproducentes de la evitación experiencial y les ayuda a romper los círculos viciosos en los que se encuentran inmersos sin salida.

En cuanto a la prevención de los problemas psicológicos analizados en este libro, los factores predisponentes que favorecerían la aparición del Trastorno de Evitación Experiencial o TEE serían los contextos de fusión/literalidad, de dar razones, de evaluación/valoración y de control/evitación, contextos, todos ellos, reforzados socialmente. Estos contextos promueven la fusión patológica con los propios eventos privados (fusión/literalidad), la búsqueda de una causa o explicación para esos eventos privados (dar razones), su análisis constante (evaluación/valoración) y los intentos de eliminar, o al menos mantener bajo control, los eventos privados que son valorados como aversivos (control/evitación).

De esta manera, para finalizar, se considera necesario hacer mención a la importancia de la prevención desde la infancia de los patrones de evitación, ya que éstos se encuentran en la base de los problemas clínicos abordados en este libro. Mientras más se fomenten los contextos de fusión, evaluación, evitación y de dar razones, más inseguras serán las personas y más se esforzarán por tener bajo control sus eventos privados tales como pensamientos, sensaciones fisiológicas, imágenes mentales, emociones, etc.

EPÍLOGO

He terminado de leer el borrador que muy amablemente Rafael me ha facilitado y mi primer pensamiento ha sido "¿Pero qué carajos debo poner yo ahora en el epílogo? ¡ Habla del DSM y de trastornos y de términos intermedios a tutiplén!" Entonces, he tomado perspectiva y he podido ver el trabajo en su contexto, de manera inesperada, lo que me ha servido para romper el "ciclo tensional" y evitar la compulsión maldita y, ahora sí y de manera más amplia, puedo afirmar que el manual de Rafael es una lectura que favorece el estado de la práctica clínica, al proporcionar relatos sobre casos desde una perspectiva no psicopatologizante, acercándose a lo puramente funcional y basado en procesos básicos.

Considero que el ejercicio de mi compañero es algo que debiéramos hacer todas las personas que nos dedicamos a esto de la psicoterapia: poner en palabras cada cierto tiempo un relato de aquello que hacemos con las personas a las que atendemos, para que otros y otras profesionales puedan tener constancia de ello.

Esto es un ejercicio de un valor increíble: compartir aquello que haces con el mundo es el principio de la actividad científica, es aquello que posibilita que pueda hablarse, discutirse y aprender, intercambiar y crecer. Recordemos que, en la base de la pirámide de la evidencia científica, encontramos precisamente este tipo de relatos, y recordemos también que no existe creación perdurable sin bases amplias y sólidas.

Leyendo este recopilatorio he podido tener un repertorio de maneras de hacer que tendré bien presentes cuando trabaje con personas que puedan tener problemáticas parecidas, y esto me transmite la tranquilidad propia de saber que alguien ya se ha enfrentado a ello.

Animo por tanto al lector que ha terminado este compendio de casos a seguir con otras obras de nuestro compañero Rafael, como una manera

NUEVOS CASOS CLÍNICOS ABORDADOS DESDE
ACT

de estar en contacto con esta parte curiosa,
preocupada, que como psicólogos (psicólogas
ustedes, si es el caso) nos anima a conocer qué
han hecho y cómo han hecho otros/as
profesionales.

En Málaga a 10 de mayo de 2020
José Olid

Rafael Jiménez Díaz

e-mail: rfjdpsicologo@hotmail.com

NUEVOS CASOS CLÍNICOS ABORDADOS DESDE ACT